JN432694

LE FRANÇAIS, C'EST FACILE ! 1

LE FRANÇAIS, C'EST FACILE ! 1

지은이 이화여자대학교 프랑스어교재편찬위원회
펴낸날 1판 1쇄 2014년 2월 19일
7쇄 2024년 8월 22일

펴낸이 주소현 **펴낸곳** 이화여자대학교출판문화원
주소 서울특별시 서대문구 이화여대길 52(우 03760) **등록** 1954년 7월 6일 제9-61호
전화 02) 3277-2965(편집), 02) 362-6076(마케팅)
팩스 02) 312-4312 **전자우편** press@ewha.ac.kr **홈페이지** www.ewhapress.com
책임편집 이혜지 **디자인** design **Vita** **일러스트** 박윤희 **인쇄** 한영문화사

ISBN 978-89-7300-997-8 14760
978-89-7300-996-1 (세트)
값 16,000원

* 잘못된 책은 구입처에서 바꾸어 드립니다.

이 도서의 국립중앙도서관 출판시도서목록(CIP)은 서지정보유통지원시스템 홈페이지(http://seoji.nl.go.kr)와 국가자료공동목록시스템(http://www.nl.go.kr/kolisnet)에서 이용하실 수 있습니다. (CIP제어번호 : CIP2014003370)

본 교재의 듣기 자료는 MP3 파일로 되어 있으며, 이화여자대학교출판문화원 홈페이지(www.ewhapress.com) '자료실'에서 무료로 내려받을 수 있습니다.

기초 프랑스어

LE FRANÇAIS, C'EST FACILE ! 1

이화여자대학교 프랑스어교재편찬위원회 지음

EPRESS

글로벌 시대를 살아가는 우리는 여러 다른 나라의 언어와 문화를 이해하고, 원활한 외국어 의사소통 능력을 통해 우리 문화를 알려야 할 현실에 직면하게 되었다. 자기 중심의 세계관으로부터 벗어나기 위해서, 또 한 가지 외국어만을 고집할 경우 초래할 수 있는 편향된 시각의 위험성으로부터 탈피하기 위해서, 제2외국어 교육은 더욱더 큰 역할을 하게 되었다.

프랑스는 문화 · 예술 · 교육 등 다분야에서 독보적 위치를 차지하고 있다. 프랑스와 프랑스어가 갖는 역사적 영광은 차치하더라도, 프랑스어는 현재 유럽, 북미, 아프리카 대륙 등의 30여 개국에서 공용어로 쓰일 뿐 아니라, 국제연합이나 올림픽의 공식 언어로서 흔들리지 않는 정치 · 경제 · 사회적 위상을 보여주고 있다. 또한 인문 · 사회과학과 예술 분야뿐 아니라 정보 · 통신 · 기계 등 첨단과학 분야에서 프랑스의 문화를 이해함으로써 우리의 시각을 넓히고, 진정한 세계화에 부응할 수 있는 계기를 마련할 수 있을 것이다.

이 교재는 종래의 문법 위주의 전개 방식을 탈피하고 실생활에서 일어날 수 있는 다양한 상황을 제시하여 언어뿐만 아니라 언어의 문화적 배경을 자연스럽게 습득할 수 있게 했다. 회화 중심으로 짜인 본문은 외국어 학습의 기본이라고 할 수 있는 말하고 듣기를 익히는 데 주안점을 두었으며, 본문의 내용과 연계된 '문법과 표현Grammaire et Expressions'에서는 응용력을 키우도록 하여 표현력을 증대시키게 했으며, 꼭 알아두어야 할 표현들은 '유의사항Notes'에 정리했다. '연습문제Exercices'에서는 본문에서 배운 문법 사항을 확인해 직접 써 보는 연습과 의사소통 능력을 증대시키는 데 주안점을 두었다. 그리고 2~3과마다 제시되는 '읽기Lecture'를 통해 프랑스에 대한 문화적 소양을 얻을 뿐 아니라, 프랑스어로 씌어진 다양한 분야의 기초적인 텍스트를 읽는 능력을 키울 수 있을 것이다.

새로운 외국어를 배운다는 것은 모국어의 언어 체계를 완전히 벗어날 수는 없기 때문에 꾸준한 노력을 요구하는 작업이다. 그러나 조금씩 발전하는 것을 느낄 때의 기쁨은 그 어떤 것과도 견줄 수 없는 값진 것이다. 이 책을 통해 프랑스어를 쉽고 즐겁게 배우기를 바란다.

2014년 2월

이화여자대학교 프랑스어교재편찬위원회

TABLE DES MATIÈRES

TABLEAU DES CONTENUS

단원 Leçons	표현 Expressions	문법 Grammaire
Leçon 1. Bonjour!	인사 표현	주어 인칭대명사
Leçon 2. Qu'est-ce que c'est?	사물에 대한 질문	부정관사 명사의 성 · 수 부정문
Leçon 3. Qui est-ce?	사람에 관한 질문	정관사 강세형 인칭대명사
Leçon 4. Où est la poste?	장소에 관한 표현	의문부사 où 축약관사 비인칭 구문 il y a
Leçon 5. Je n'ai pas de stylo.	Bien sûr. J'ai mal. J'ai faim.	명사 복수: 특수형 부정관사 de
Leçon 6. Étudiez-vous le français?	국가명과 전치사 par jour, avoir de la chance, ne~plus	의문문 지시형용사 1군 동사
Leçon 7. Comment est-elle?	색깔에 관한 표현	의문부사 comment 품질형용사
Leçon 8. Quel âge a-t-il?	나이에 관한 표현	의문형용사 소유형용사
Leçon 9. Je voudrais de l'eau.	quelque chose, rien	부분관사
Leçon 10. Quelle heure est-il?	시간에 관한 표현	현재진행형 2군 동사
Leçon 11. Quel jour sommes-nous?	날짜와 요일에 관한 표현 faire 동사의 표현	서수형용사 형용사 tout

어휘 Vocabulaire	동사 Verbes	읽기 Lecture
사물 과일과 야채 숫자 0~10	être	
직업 나라와 국적		La famille Durand
장소에 관한 전치사	avoir	
숫자 11~20 신체명사		
학문 전공	aimer, parler, habiter commencer, voyager	
색깔 의복		Devinette
가족 숫자 21~120		
음식	préférer, prendre boire, vouloir	Un dîner entre amis
	finir, aller, venir, pouvoir	
국경일	faire, voir, partir	Le 14 Juillet en France

ALPHABET

01

A 【 a 】	N 【 ɛn 】
B 【 be 】	O 【 o 】
C 【 se 】	P 【 pe 】
D 【 de 】	Q 【 ky 】
E 【 ə 】	R 【 ɛ:ʀ 】
F 【 ɛf 】	S 【 ɛs 】
G 【 ʒe 】	T 【 te 】
H 【 aʃ 】	U 【 y 】
I 【 i 】	V 【 ve 】
J 【 ʒi 】	W 【dubləve】
K 【 ka 】	X 【 iks 】
L 【 ɛl 】	Y 【 igrɛk 】
M 【 ɛm 】	Z 【 zɛd 】

PRONONCIATION

I. Voyelles orales 02

Signes	Graphie	Exemples
[a]	a à	madame [madam] ami [ami], garçon [gaʀsɔ̃]
[ɑ]	a â	pas [pɑ] âne [ɑn], âme [ɑm]
[e]	e é	et [e], chez [ʃe] été [ete], répéter [ʀepete]
[ɛ]	e è ê ai ei	elle [ɛl], mer [mɛʀ] père [pɛʀ] être [ɛtʀ] mais [mɛ] peine [pɛn]
[i]	i î y	si [si] île [il] syllabe [silab]
[y]	u û	université [ynivɛʀsite] flûte [flyt]
[o]	o ô au eau	chose [ʃoz] hôte [ot] aussi [osi] tableau [tablo], eau [o]
[ɔ]	o	pomme [pɔm]
[u]	ou où oû	tout [tu], chou [ʃu] où [u] coûter [kute]
[ø]	eu	feu [fø], jeu [ʒø]
[ə]	e	de [də]
[œ]	eu œu	jeune [ʒœn], professeur [pʀɔfɛsœ:ʀ] œuf [œf], sœur [sœʀ]

Ⅱ. Voyelles nasales

Signes	Graphie	Exemples
【 ɑ̃ 】	an am en em	orange [ɔʀɑ̃:ʒ] chambre [ʃɑ̃bʀ] encore [ɑ̃kɔʀ] septembre [sɛptɑ̃:bʀ̃]
【 ɛ̃ 】	in im ym ain ein en	vin [vɛ̃] important [ɛ̃pɔʀtɑ̃] symphonie [sɛ̃fɔni] pain [pɛ̃] plein [plɛ̃] examen [ɛgzamɛ̃]
【 ɔ̃ 】	on om	bon [bɔ̃] nombre [nɔ̃bʀ]
【 œ̃ 】	un um	brun [brœ̃] parfum [paʀfœ̃]

Ⅲ. Consonnes

Signes	Graphie	Exemples
【 p 】	p	porte [pɔʀt]
【 f 】	f ph	fenêtre [f(ə)nɛtʀ] philosophie [filɔzɔfi]
【 b 】	b	ballon [balɔ̃], bon [bɔ̃]
【 v 】	v	vallée [vale], valise [vali:z]
【 t 】	t th	ton [tɔ̃] théâtre [teɑtʀ]
【 d 】	d	dent [dɑ̃], double [dubl]
【 m 】	m	mon [mɔ̃], mère [mɛ:ʀ]

【 n 】	n	nature [natyʀ], donner [dɔne]
【 s 】	s sc c ç x t	sapin [sapɛ̃] scène [sɛn] ceci [səsi] français [fʀɑ̃sɛ] dix [dis] nation [nasjɔ̃]
【 z 】	z s x	onze [ɔ̃z] maison [mɛzɔ̃] deuxième [døzjɛm]
【 l 】	l	la [la], le [lə]
【 ʃ 】	ch	chemin [ʃəmɛ̃], chat [ʃa]
【 ʒ 】	j g	joli [ʒɔli], jeune [ʒœn] géant [ʒeɑ̃], âge [ɑ[a]:ʒ]
【 k 】	k c qu	kilo [kilo] café [kafe] qui [ki]
【 g 】	g gu	gant [gɑ̃], gage [gaʒ] guitare [gitaʀ]
【 ʀ 】	r	robe [ʀɔb], roi [ʀwa]
【 ks 】	x	taxi [taksi], texte [tɛkst]
【 gz 】	x	exercice [ɛgzɛʀsis], exemple [ɛgzɑ̃pl]
【 ɲ 】	gn	peigne [pɛɲ], champagne [ʃɑ̃paɲ]

Ⅳ. Semi-Consonnes(Semi-Voyelles) 05

Signes	Graphie	Exemples
[j]	i voyelle + ill, il	piano [pjano] travailler [tʀavaje], soleil [sɔlɛj]
[w]	ou oi oin	oui [wi] oiseau [wazo] coin [kwɛ̃]
[ɥ]	u	lui [lɥi], puis [pɥi]

Signes d'orthographe

1. accent aigu (´) : été
2. accent grave (`) : là, père, où
3. accent circonflexe (ˆ) : âme, rêve
4. tréma (¨) : haïr
5. cédille (¸) : français
6. trait d'union (-) : grand-mère
7. apostrophe (') : l'or, l'homme

Liaison 06

Ils ont des horloges très anciennes.

Deux hommes dans la ville.

C'est un grand homme.

Il est neuf heures.

Les enfants / aiment leurs mères.

Lui et / elle, ils sont très aimables.

C'est un enfant / aimable.

Les / héros

LES PERSONNAGES

Claire Durand
20 ans

Jina Kim
20 ans

Michel Durand
22 ans

Monsieur Durand
45 ans

Madame Durand
42 ans

Nami Song
20 ans

Namsou Song
22 ans

Leçon 01

Bonjour !

Unité 1 Bonjour !

Unité 2 Comment allez-vous?

Unité 3 Ça va?

Unité 4 Je m'appelle Jina Kim.

Leçon 01

Bonjour !

07 Unité 1 Bonjour !

Bonsoir !

Bonjour !

08 Unité 2 Comment allez-vous ?

Jina	Bonjour, Monsieur !
Professeur	Bonjour, Mademoiselle !
	Comment allez-vous ?
Jina	Bien, merci. Et vous ?
Professeur	Très bien, merci.

09 Unité 3 Ça va ?

Jina	Bonjour, Michel !
Michel	Salut, Jina ! Comment vas-tu ?
Jina	Ça va. Et toi ?
Michel	Pas mal.
Jina	Au revoir !
Michel	À demain !

10 Unité 4 Je m'appelle Jina Kim.

Jina	Bonjour, Madame !
	Je m'appelle Jina Kim.
Madame Martin	Bonjour, Mademoiselle !
	Enchantée !

Grammaire et Expressions

I. 인사 표현 les salutations

- 만날 때 인사

· **A:** Bonjour, Monsieur!
B: Bonjour, Mademoiselle!

· **A:** Salut, Sylvie!
B: Salut, Paul!

- 헤어질 때 인사

· **A:** Au revoir, Madame!
B: Au revoir, Mademoiselle!

· À bientôt! · À demain! · À tout à l'heure!

- 안부 물어보기

· **A:** Comment allez-vous?
B: Très bien, merci. Et vous?

· **A:** Ça va?
B: Oui, ça va. Et toi?

- 이름 물어보기

· **A:** Comment tu t'appelles?
B: Je m'appelle Sylvie.

II. 주어 인칭대명사 les pronoms sujets

주어 인칭대명사는 사람, 동물, 사물을 지칭하며, 각 인칭에 따라 다음과 같은 형태를 취한다.

	단수	복수
1인칭	je	nous
2인칭	tu	vous
3인칭	il/elle	ils/elles

Exercices

I. Complétez les dialogues.

1\.

Jina ______, Monsieur !

Professeur Bonjour, ______ !

______ ?

Jina ______ Et vous ?

Professeur ______

2\.

Jina Bonjour, Michel !

Michel ______, Jina !

______ ?

Jina Oui, ça va. ______ ?

Michel ______.

3\. **Daniel** Comment tu t'appelles ?

Jina ______ Et toi ?

Daniel ______

Ⅱ. Répétez le dialogue.

Jina	Bonjour !
Michel	Salut ! Comment tu t'appelles ?
Jina	Je m'appelle Jina. Et toi ?
Michel	Moi, je m'appelle Michel.
Jina	Enchantée !
Michel	Enchanté !

mémo

Leçon 02

Qu'est-ce que c'est ?

Unité 1 C'est un livre.
Unité 2 Ce sont des lunettes.
Unité 3 Non, ce n'est pas une chaise.
Unité 4 Non, ce ne sont pas des pommes.

Leçon 02

Qu'est-ce que c'est ?

12 Unité 1 C'est un livre.

Jina	Qu'est-ce que c'est ?
Michel	C'est un livre.
Jina	Et ça, c'est une table?
Michel	Oui, c'est une table.

13 Unité 2 Ce sont des lunettes.

Namsou	Qu'est-ce que c'est ?
Claire	Ce sont des lunettes.
Namsou	Et ça, ce sont des stylos ?
Claire	Oui, ce sont des stylos.

(14) Unité 3 Non, ce n'est pas une chaise.

Namsou	C'est un téléphone?
Claire	Oui, c'est un téléphone portable.
Namsou	C'est une chaise?
Claire	Non, ce n'est pas une chaise.
	C'est un fauteuil.

(15) Unité 4 Non, ce ne sont pas des pommes.

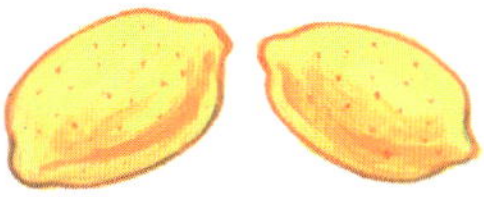

Jina	Ce sont des pommes?
Michel	Non, ce ne sont pas des pommes.
	Ce sont des poires.
Jina	Ce sont des oranges?
Michel	Non, ce ne sont pas des oranges.
	Ce sont des citrons.

Grammaire et Expressions

I. 부정관사 l'article indéfini와 명사의 성·수

1. 형태

	단수	복수
남성	un	des
여성	une	

- **un** livre
- **une** table
- **des** livres
- **des** tables

2. 용법

부정관사는 정해지지 않은 명사를 지칭할 때 쓴다.

- C'est **un** sac.
- Ce sont **des** lunettes.

II. Qu'est-ce que c'est?

대상에 대해 질문할 때 단수, 복수 모두 Qu'est-ce que c'est?로 질문한다.

- **A:** Qu'est-ce que c'est?
  B: C'est un ordinateur.
- **A:** Qu'est-ce que c'est?
  B: Ce sont des chaussures.
- **A:** Qu'est-ce que c'est?
  B: Ce sont des chats.

Ⅲ. 부정문 la phrase négative

부정문을 만들 때 동사 앞뒤에 ne~pas를 붙인다.

· **A:** C'est un sac?
B: Non, ce **n**'est **pas** un sac.
C'est une valise.

· **A:** Ce sont des chats?
B: Non, ce **ne** sont **pas** des chats.
Ce sont des chiens.

Ⅳ. 동사 les verbes

être

je	suis	nous	sommes
tu	es	vous	êtes
il/elle	est	ils/elles	sont

Ⅴ. 숫자 les nombres **0~10**

0	zéro	**1**	un(e)	**2**	deux	**3**	trois
4	quatre	**5**	cinq	**6**	six	**7**	sept
8	huit	**9**	neuf	**10**	dix		

Apprenons

les choses

un cahier

une chaise

un crayon

un fauteuil

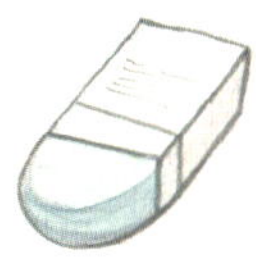

une gomme

un livre

des lunettes

un ordinateur

un portable

un sac à dos

un stylo

une table

une banane

une fraise

une pêche

une pastèque

une pomme

des raisins

une aubergine

un concombre

un oignon

une pomme de terre

une salade

une tomate

Exercices

I. Qu'est-ce que c'est?

1.

- ____________________

2.

- ____________________

3.

- ____________________

II. Complétez les dialogues.

1.

C'est ____________________?

- Oui, ____________________

2.

Ce sont ____________________?

- Oui, ____________________

3.

C'est une fraise?

- Non, ____________________

C'est ____________________

4.

Ce sont des cahiers?

- Non, ____________________

Ce sont ____________________

Leçon 03

Qui est-ce ?

Leçon 03 Qui est-ce ?

16 Unité 1 Je suis coréenne.

Michel	Jina, voici Eric.
Eric	Bonjour !
Jina	Bonjour, Eric !
Eric	Tu es coréenne ?
Jina	Oui, je suis coréenne. Et toi ?
Eric	Moi, je suis français.

17 Unité 2 C'est la sœur de Namsou.

Eric	Qui est-ce ?
Michel	C'est Namsou Song.
	Il est coréen.
Eric	Et elle ?
Michel	Nami, c'est la sœur de Namsou.

(18) Unité 3 Nami est étudiante.

Eric Nami est étudiante?

Michel Oui, elle est étudiante.

Eric Et Namsou, il est étudiant, lui aussi?

Michel Non, il n'est pas étudiant.
Il est chanteur.

(19) Unité 4 Le père de Michel est ingénieur.

Jina Qui est-ce?

Eric Ce sont les parents de Michel.
Le père de Michel est ingénieur.

Jina Et la mère de Michel?

Eric Elle est professeur.

Grammaire et Expressions

Ⅰ. 정관사 l'article défini

1. 형태

	단수	복수
남성	le	les
여성	la	

Attention

모음 또는 무음 h로 시작되는 단수명사 앞에서 l'로 바뀐다.

· le → l' **l'homme** · la → l' **l'université**

2. 용법

● 유일한 것을 가리키는 명사 앞에 쓴다.

· **le** soleil · **la** lune · **la** Corée

● 총체적인 것을 가리키는 명사 앞에 쓴다.

· **l'**amour · **la** nature · **la** musique

● 이미 알고 있거나 한정된 것을 가리키는 명사 앞에 쓴다.

· **les** parents de Michel · **la** chambre de Marie

Ⅱ. Qui est-ce?

사람에 관해 물어볼 때 Qui est-ce?라고 질문하고, C'est~로 답한다.

· **A:** Qui est-ce?
B: **C'est** Jina Kim. Elle est coréenne.

Attention

· **A:** Qui est-ce?
B: C'est Namsou Song. (O)

· **A:** Qui ~~est-il~~?
B: ~~Il est~~ Namsou Song. (X)

Ⅲ. 강세형 인칭대명사 les pronoms personnels toniques

1. 형태

je	moi
tu	toi
il	lui
elle	elle

nous	nous
vous	vous
ils	eux
elles	elles

2. 용법

- 주어를 강조할 때 쓴다.
  - · **Moi,** je suis étudiante. · **Toi,** tu es coréen?
- 전치사 다음에 쓴다.
  - · Il est chez **lui.** · Le livre est à **moi**.
- C'est, Ce sont 다음에 쓴다.
  - · C'est **moi.** · Ce sont **elles.**
- et, aussi와 함께 쓴다.
  - · Et **toi**? · **Moi** aussi, je suis coréenne.

Ⅳ. 직업 les professions

- 명사의 여성형은 명사의 남성형에 e를 붙여 만든다.
  - · un étudiant / une étudiante · un employé / une employée
- 남성형과 여성형이 다르게 변화한다.
  - · un chanteur / une chanteuse · un acteur / une actrice
  - · un musicien / une musicienne
- 남성형 명사의 어미가 e로 끝나면 여성형과 공통으로 쓴다.
  - · un journaliste / une journaliste · un interprète / une interprète
- 남성형으로만 사용해왔으나 현재는 여성형으로도 쓰인다.
  - · un professeur / un(e) professeur(e) · un médecin / un(e) médecin

Apprenons

Le pays et la nationalité

- la Corée
- un Coréen
- une Coréenne

- la France
- un Français
- une Française

- l'Allemagne
- un Allemand
- une Allemande

- le Canada
- un Canadien
- une Canadienne

- l'Italie
- un Italien
- une Italienne

- l'Espagne
- un Espagnol
- une Espagnole

- l'Amérique / les États-Unis
- un Américain
- une Américaine

- l'Angleterre
- un Anglais
- une Anglaise

- la Chine
- un Chinois
- une Chinoise

- le Japon
- un Japonais
- une Japonaise

Exercices

I. Répondez comme dans l'exemple.

Ex

Qui est-ce ?

- C'est un Coréen.

Il est coréen.

1.

Qui est-ce ?

- ______________________

____

2.

Qui est-ce ?

- ______________________

____

3.

Qui est-ce ?

- ______________________

____

II. Répondez comme dans l'exemple.

Ex

Qui est Pablo Picasso ?

- C'est un peintre.

Il est espagnol.

1.

Qui est Beethoven ?

- ______________________

____

2.

Qui est Victor Hugo?

- ______________________

____

3.

Qui est Céline Dion?

- ______________________

____

Ⅲ. Écrivez des phrases comme dans l'exemple.

Ex coréen – Il est coréen.

1. française - ____________________
2. américaines - ____________________
3. coréennes - ____________________
4. chinoise - ____________________
5. espagnol - ____________________
6. étudiante - ____________________
7. chanteur - ____________________
8. musiciens - ____________________
9. actrice - ____________________
10. employées - ____________________

20 Lecture

La famille Durand

Nous sommes chez Michel Durand. Il est étudiant à la Sorbonne. La sœur de Michel, Claire est étudiante, elle aussi. Voici les parents de Michel. François Durand, le père de Michel, est ingénieur. Martine Durand, la mère de Michel, est professeur de français.

Leçon 04

Où est la poste ?

Leçon 04

Où est la poste?

21 Unité 1 Sur la table

Michel Où est le téléphone portable?

Claire Dans le salon, sur la table.

Michel Non, il n'est pas sur la table.

Ah! Il est là, sous le fauteuil.

22 Unité 2 Dans le jardin

Jina Tu as un chat?

Claire Oui, j'ai un chat.

J'ai aussi un chien.

Jina Où est le chien?

Claire Il est dans le jardin,

derrière les fleurs.

23 Unité 3 À côté de la banque

Un monsieur	S'il vous plaît, Mademoiselle.
	Où est la poste?
Jina	Elle est à côté de la banque, Monsieur.
Un monsieur	Ah, là-bas!
	Merci, Mademoiselle!
Jina	Je vous en prie, Monsieur.

24 Unité 4 Il y a une station de métro?

Jina	S'il vous plaît, Monsieur.
	Est-ce qu'il y a une station de métro près d'ici?
Un monsieur	Oui, pas loin d'ici.
	Elle est en face du cinéma.
Jina	Et le cinéma, où est-il?
Un monsieur	Il est sur la place de l'Odéon.
Jina	Merci, Monsieur.

Grammaire et Expressions

Ⅰ. 의문부사 l'adverbe interrogatif **où**

장소에 관한 질문을 이끌며, où 다음에는 주어와 동사가 도치된다.

· **A: Où** est la clé?
B: Elle est **dans** le sac.

· **A: Où** sont les livres?
B: Ils sont **sur** la table.

Ⅱ. 장소에 관한 전치사

· sur

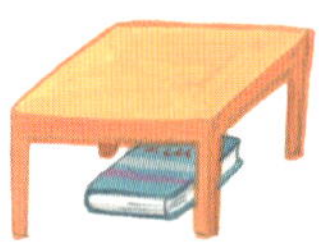

· sous

· devant

· derrière

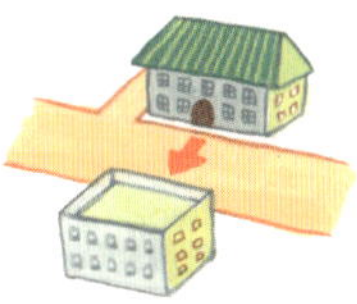

· en face de

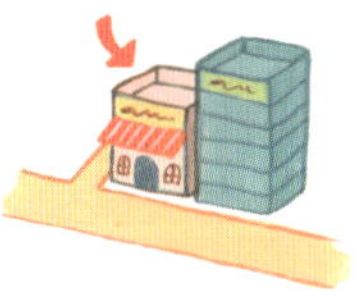

· à côté de

· près de

· loin de

· à gauche de

· à droite de

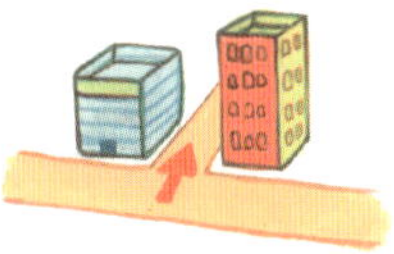

· entre A et B

Ⅲ. 축약관사 l'article contracté

전치사 de 혹은 à가 정관사를 만나면 다음과 같이 축약된다.

(de + le) → **du** de l'	de + les → **des**
de la de l'	

· près **du** cinéma
· près de l'école
· près de la chambre
· près **des** toilettes

(à + le) → **au** à l'	à + les → **aux**
à la à l'	

· **au** cinéma
· à l'université
· à la bibliothèque
· **aux** toilettes

Ⅳ. 비인칭 구문 il y a

Il y a + 부정관사 + 명사(단수, 복수)

· A: Qu'est-ce qu'**il y a** sur la table?
B: **Il y a** un livre sur la table.
Il y a des livres sur la table.
Il y a un livre et une pomme sur la table.

Ⅴ. 동사 les verbes

avoir			
j'	ai	nous	avons
tu	as	vous	avez
il/elle	a	ils/elles	ont

Notes

· *A: Merci.*
B: Je vous en prie./
Je t'en prie.

· *S'il vous plaît /*
S'il te plaît

· **A:** Où est le portable?
B: Il est sur la chaise.

· **A:** Où sont les lunettes?
B: Elles sont sur la table.

Exercices

I. Complétez les phrases avec *au, à la, à l', aux, du, de la, de l'* ou *des*.

1. La banque est près ______ cinéma.
2. Il y a un jardin à côté ______ école.
3. Elles sont ______ restaurant.
4. Il est ______ toilettes.
5. Nous sommes ______ hôtel.

II. Répondez aux questions suivant l'image.

1. Qu'est-ce qu'il y a sur le bureau?

   – ______

2. Il y a un lit dans la pièce?

   – ______

3. Dans la pièce, il y a un fauteuil?

   – ______

4. Où est le sac à dos ?

– ____________________

5. Où est le chat ?

– ____________________

Ⅲ. Complétez les phrases avec *sur, dans, devant.*

1. Où est la Sorbonne ?

   – Elle est ____________ le quartier latin.

2. ____________ la Sorbonne, il y a une place.

3. ____________ la place, il y a une terrasse de café.

Leçon 05

Je n'ai pas de stylo.

Leçon 05

Je n'ai pas de stylo.

25 Unité 1 Je n'ai pas de stylo.

Jina Tu as un stylo?

Claire Non, je n'ai pas de stylo.

Mais j'ai un crayon.

Jina Et tu as une gomme?

Claire Non, je n'ai pas de gomme.

26 Unité 2 Il y a des journaux au kiosque?

Jina Il y a des journaux au kiosque?

Claire Oui, il y a des journaux et des magazines.

Jina Il y a aussi des tickets de métro?

Claire Non, il n'y a pas de tickets de métro.

27 Unité 3 Nous avons beaucoup de livres.

Jina	Vous avez des livres sur le cinéma ?
Libraire	Oui, bien sûr. Nous avons beaucoup de livres sur le cinéma.
Jina	Vous avez *L'Histoire du cinéma* ?
Libraire	Oui, voilà.
Jina	C'est combien ?
Libraire	Quinze euros.

28 Unité 4 J'ai faim.

Madame Durand	À table, les enfants !
Michel	J'ai faim, maman.
Claire	Moi, je n'ai pas faim.
Madame Durand	Qu'est-ce que tu as ?
Claire	J'ai mal à la tête.

Grammaire et Expressions

Ⅰ. 명사 복수: 특수형

–s –z → 불변 –x	un pays → des pay**s** un nez → des ne**z** une voix → des voi**x**
–eau → –eaux –au → –aux –eu → –eux –ou → –oux	un chapeau → des chap**eaux** un noyau → des noy**aux** un cheveu → des chev**eux** un genou → des gen**oux**
–al → –aux	un journal → des journ**aux** un cheval → des chev**aux**
–ail → –aux	un travail → des trav**aux**

Ⅱ. 부정의 de

부정문에서 부정관사 un, une, des는 de로 바뀐다.

· J'ai un stylo. → Je n'ai pas **de** stylo.

· Il y a des journaux. → Il n'y a pas **de** journaux.

· **A:** Il y a un livre sur la table?
B: Oui, il y a un livre sur la table.
Non, il n'y a pas **de** livre sur la table.

Attention

être 동사 다음에는 바뀌지 않는다.

· Ce n'est pas **un** stylo.
· Ce ne sont pas **des** journaux.

Ⅲ. avoir mal + à

- Qu'est-ce que tu as?
  - · J'ai mal à la tête.
  - · J'ai mal aux dents.
  - · J'ai mal au dos.
  - · J'ai mal au ventre.
  - · J'ai mal à l'épaule.

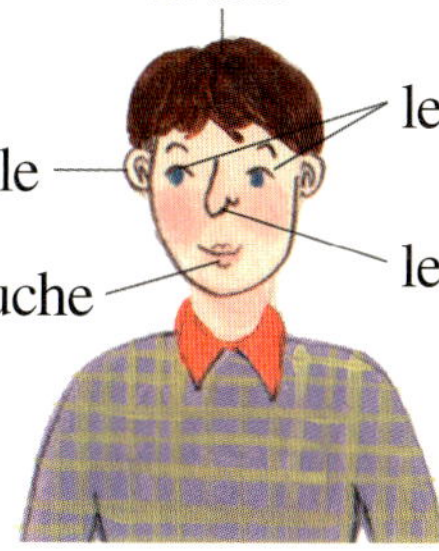

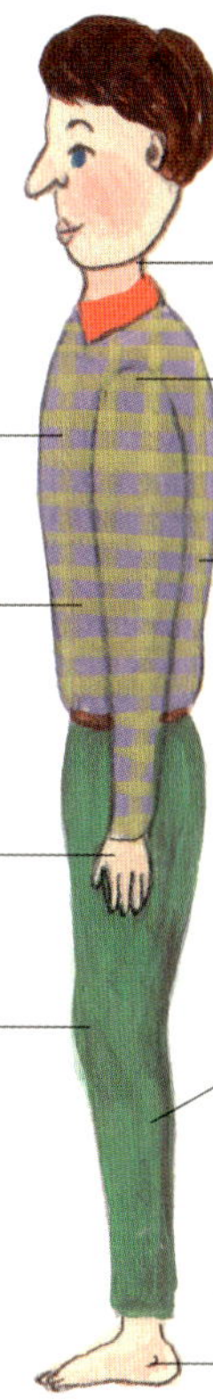

- avoir와 함께 쓰이는 다른 표현들
  - · J'ai froid.
  - · J'ai chaud.
  - · J'ai faim.
  - · J'ai soif.
  - · J'ai sommeil.
  - · J'ai peur.

Ⅳ. 숫자 les nombres 11~20

11	onze	**12**	douze	**13**	treize	**14**	quatorze
15	quinze	**16**	seize	**17**	dix-sept	**18**	dix-huit
19	dix-neuf	**20**	vingt				

Exercices

I. Mettez les noms au pluriel.

1. un mois → ________ 2. un animal → ________

3. un hôpital → ________ 4. un château → ________

5. un cours → ________ 6. une voix → ________

7. un neveu → ________ 8. un nez → ________

9. un fils → ________ 10. un oiseau → ________

II. Écrivez les nombres en lettres.

1. Ils ont ________ (5) enfants.

2. J'ai ________ (20) ans.

3. Il y a ________ (16) élèves dans la classe.

4. Elle a ________ (9) chats.

5. La tour Eiffel a ________ (3) étages.

III. Vrai ou faux?

1. Il y a des timbres à la poste. (   )

2. Il y a des oranges à la librairie. (   )

3. Il y a des journaux au kiosque. (   )

4. Il y a des chapeaux à la boulangerie. (   )

IV. Répondez négativement.

1. Tu as un chien?
   – Non, ______________________________

2. Il y a des journaux sur la table?
   – Non, ______________________________

3. Elle a une voiture?
   – Non, ______________________________

4. Vous avez des enfants?
   – Non, ______________________________

5. Il y a des pommes dans le frigo?
   – Non, ______________________________

V. Reliez les images au texte.

1. J'ai faim. • 2. J'ai chaud. • 3. J'ai sommeil. • 4. J'ai froid. •

a. 

b. 

c. 

d. 

Ⅵ.Où avez-vous mal? Reliez.

Ex

J'ai mal au dos.

1. J'ai mal à la tête. • • a. 

2. J'ai mal aux jambes. • • b. 

3. J'ai mal aux dents. • • c. 

4. J'ai mal au ventre. • • d. 

Leçon 06

Étudiez-vous le français ?

Unité 1 Tu es en France depuis longtemps?

Unité 2 Daniel Leblanc habite-t-il en Italie?

Leçon 06

Étudiez-vous le français ?

(29) Unité 1 Tu es en France depuis longtemps?

Claire Tu es en France depuis longtemps?

Nami Non, je suis à Paris depuis deux mois.

Claire Mais tu parles très bien français.

Nami Merci. J'étudie le français à l'université.

Claire Tu étudies beaucoup le français?

Nami Oui, deux heures par jour avec le livre *Le français, c'est facile!*
J'aime beaucoup ce livre.
Ah! et j'habite avec une Française.
Nous parlons beaucoup ensemble.

Claire Tu as de la chance!

30 Unité 2 Daniel Leblanc habite-t-il toujours en Italie?

Jina	Daniel Leblanc habite-t-il toujours en Italie?
Michel	Non, il n'habite plus en Italie.
	Maintenant, il habite à Montréal.
Jina	Ah bon! Il voyage beaucoup!
Michel	Oui, il aime beaucoup les voyages.
	Il est journaliste.
Jina	Madame Leblanc travaille-t-elle?
Michel	Oui, elle est professeur de français.
Jina	Monsieur et Madame Leblanc ont-ils des enfants?
Michel	Oui, ils ont un fils et une fille, Louis et Sophie.

Grammaire et Expressions

Ⅰ. 의문문 la phrase interrogative

- 억양에 의한 의문문

· Vous étudiez le français?
· Michel habite à Paris?

- 의문사 est-ce que를 사용한 의문문

· **Est-ce que** vous étudiez le français?
· **Est-ce que** Michel habite à Paris?

- 도치에 의한 의문문

· **Étudiez-vous** le français?
· Michel **habite-t-il** à Paris?

Ⅱ. 국가명과 전치사 le nom du pays et la préposition

en : 여성 국가명 모음(여성·남성)으로 시작하는 국가명	au : 남성 국가명 aux : 모든(여성·남성) 국가의 복수

· Il habite **en** Corée.
· Elle travaille **en** France.
· Ils sont **en** Irak.

· Elle n'habite plus **au** Japon.
· Il habite **aux** Etats-Unis. (M)
· Elle travaille **aux** Philippines. (F)

Attention

- -e로 끝나는 국가명은 여성형이다. (예외: **au** Mexique, **au** Cambodge)
- 도시명에는 관사 없이 전치사 à를 쓴다

· à Paris · à Séoul · à Montréal

Notes

· *Il travaille quatre heures* ***par jour****.*
· *Tu* ***as de la chance****!*
· *A: Il habite* ***toujours*** *en Italie?*
B: Non, il ***n'****habite* ***plus*** *en Italie.*

Ⅲ. 지시형용사 l'adjectif démonstratif

사람이나 사물을 지시하는 형용사로서 수식하는 명사의 성과 수에 따라 일치시킨다.

	단수	복수
남성	ce/cet	ces
여성	cette	

· **ce** livre · **ces** livres

· **cette** fille · **ces** filles

Attention

- 모음이나 무음 h로 시작하는 남성 단수명사를 수식할 때는 cet를 사용하며, 연독한다.

· **cet** arbre · **cet** homme

Ⅳ. 동사 les verbes

- 1군 규칙동사: -er로 끝나는 동사

aimer

j'	aime
tu	aimes
il/elle	aime
nous	aimons
vous	aimez
ils/elles	aiment

parler

je	parle
tu	parles
il/elle	parle
nous	parlons
vous	parlez
ils/elles	parlent

habiter

j'	habite
tu	habites
il/elle	habite
nous	habitons
vous	habitez
ils/elles	habitent

- 1군 불규칙동사

commencer

je	commence	nous	commen**ç**ons
tu	commences	vous	commencez
il/elle	commence	ils/elles	commencent

voyager

je	voyage	nous	voyag**e**ons
tu	voyages	vous	voyagez
il/elle	voyage	ils/elles	voyagent

Apprenons

les facultés

· la faculté des sciences humaines

· la faculté des sciences sociales

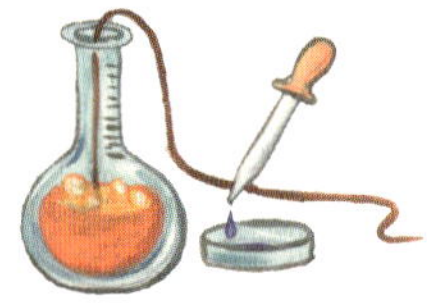

· la faculté des sciences naturelles

· la faculté de droit

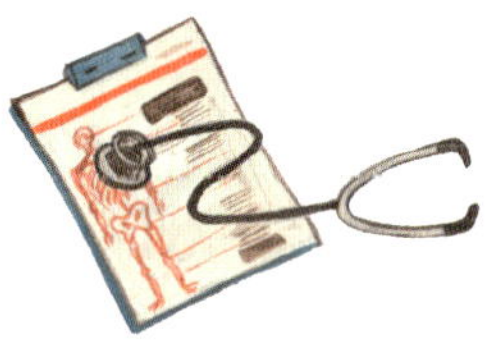

· la faculté de médecine

· la faculté de pharmacie

· la faculté des beaux-arts

· la faculté de musique

les spécialités

A: Qu'est-ce que tu étudies?
B: J'étudie la littérature française. Et toi?

· la littérature
· la philosophie
· la sociologie
· la gestion
· le droit
· la physique
· les mathématiques
· l'histoire
· la psychologie
· la géographie
· l'économie
· l'informatique
· la chimie
· la musique
· l'architecture

Exercices

I. Complétez les phrases.

1. Ils sont ____________ Etats-Unis.
2. Monsieur Martin travaille ____________ Corée.
3. Elle n'habite pas ____________ Japon.
4. Elle voyage ____________ Mexique.
5. Marie étudie ____________ Angleterre.

II. Complétez avec les adjectifs démonstratifs *ce, cet, cette, ces.*

1. ____________ chapeau 2. ____________ robe
3. ____________ arbre 4. ____________ jupes
5. ____________ hôtels 6. ____________ fille
7. ____________ homme 8. ____________ amis

III. Complétez les phrases.

1. Il ____________ (habiter) ____________ Paris ____________ France.
2. Elle ____________ (habiter) ____________ Montréal ____________ Canada.
3. Nous ____________ (travailler) ____________ Genève ____________ Suisse.
4. Roland habite-t-il toujours ____________ Italie?
   – Non, il ____________ (habiter) ____________ Italie, il ____________ (être) maintenant ____________ Berlin ____________ Allemagne.

IV. Répondez aux questions.

1. Cherchez-vous une pharmacie?

   – Oui, ____________________

2. Parlez-vous français?

   – Oui, ____________________

3. Monsieur Kim aime-t-il les voyages?

   – Oui, ____________________

4. Marie et toi, vous voyagez beaucoup?

   – Oui, ____________________

5. Les enfants, vous commencez à travailler?

   – Oui, ____________________

V. Complétez les phrases avec *avoir, habiter, rentrer, travailler.*

Voici une jeune fille. C'est Marie Dupont. Elle est française. Elle est employée de banque. Elle (   ) à Versailles, mais elle (   ) à Paris. Aujourd'hui, après le travail, elle ne (   ) pas directement chez elle. Elle (   ) un rendez-vous.

Leçon 07

Comment est-elle ?

Unité 1 Elle est très belle.

Unité 2 Je ne suis pas fatigué.

Leçon 07 Comment est-elle ?

31 Unité 1 Elle est très belle.

Comment est-elle ?

Elle est grande et belle.

Elle est brune et elle a les cheveux longs.

Elle porte une jupe verte, un chemisier blanc et des bottes noires.

Comment est-il ?

Il est grand et blond.

Il a les cheveux courts et il porte des lunettes.

Il porte un blouson gris, un pantalon noir et des chaussures bleues.

32 Unité 2 Je ne suis pas fatigué.

Michel	Tu n'es pas trop fatigué?
Namsou	Non, je ne suis pas fatigué.
Michel	Tu as beaucoup de bagages?
Namsou	Non, j'ai seulement une guitare et un sac à dos.
Michel	Il n'est pas lourd?
Namsou	Non, ça va.
Michel	On rentre à pied? La maison n'est pas loin d'ici.

Grammaire et Expressions

Ⅰ. 의문부사 l'adverbe interrogatif **comment**

방법이나 형태를 묻는 의문부사로 의문문을 이끈다.

· **A: Comment** allez-vous?
B: Très bien. Merci.

· **A: Comment** est-elle?
B: Elle est charmante.

Ⅱ. 품질형용사 l'adjectif qualificatif

1. 형태

남성형 + **e**	grand – gran**de** noir – noi**re**	français – françai**se** intéressant – intéressan**te**
–**e** → 불변	jeune – jeun**e** triste – trist**e** sympathique – sympathiqu**e**	
–**x** → –**se**	heureux – heureu**se** dangereux – dangereu**se**	
–**en** → –**enne** –**on** → –**onne**	coréen – coré**enne** bon – b**onne**	
불규칙	gros – gros**se** beau – b**elle** vieux – vi**eille**	gentil – gent**ille** long – long**ue**

2. 형용사의 복수형 만들기

단수 + **s**	grand – grand**s** long – long**s**
–**s**, –**x** → 불변	gros – gro**s** vieux – vieu**x**
–**eau** → –**eaux**	beau – beau**x**

3. 형용사의 위치

- 원칙적으로, 명사 뒤에 놓인다.

  · un film **intéressant**

- beau, bon, grand, jeune, joli, mauvais, nouveau, petit, vieux 등 몇몇 형용사는 명사 앞에 놓인다.

  · une **grande** maison　　· une **jolie** fleur　　· un **petit** garçon

Ⅲ. 색깔 표현 les couleurs

rouge	rose	violet	vert	bleu
blanc	jaune	marron	gris	noir

· **A: De quelle couleur** est la robe de Marie?
B: Elle est blanche.

· **A: De quelle couleur** sont les cheveux de Michel?
B: Ils sont blonds.

Notes

- Couleur des cheveux

  · blond　　· brun　　· roux

Apprenons

les vêtements

· une veste

· un blouson

· une chemise

· un tee-shirt

· un manteau

· un tailleur

· un costume

· une robe

· un pull

· un gilet

· un chemisier

· un short

· un jean

· un pantalon

· une jupe

· une écharpe

· des chaussures

· des bottes

· des baskets

· une casquette

Exercices

I. Transformez les phrases comme dans l'exemple.

Ex Il est grand. → Elle est grande.

1. Il est beau. → Elle ______

2. Paul est jeune. → Jeanne ______

3. Il est heureux. → Elle ______

Ex Il est grand. → Ils sont grands.

4. Il est beau. → Ils ______

5. Il est petit. → Ils ______

6. Il est vieux. → Ils ______

II. Identifiez les personnes suivantes.

1. (   ) Il est petit. Il téléphone avec un portable. Il porte un blouson bleu.
2. (   ) Elle a les cheveux frisés. Elle porte une robe rouge et des lunettes de soleil.
3. (   ) Il a un sac à dos. Il porte un jean bleu et un pull vert.
4. (   ) Elle est grande et mince. Elle porte une jupe blanche et un gilet rose. Elle a deux enfants.
5. (   ) Elle a les cheveux longs. Elle a un chien noir. Elle porte une jupe courte et une écharpe verte.

33 Lecture

Devinette

Il est très jeune. Il est petit. Il a un beau sourire. Il porte un manteau. Il a les cheveux blonds. Il habite seul sur une planète. Il a une rose. Il aime beaucoup cette rose. Mais elle est quelquefois méchante avec lui.

Alors il quitte la planète et voyage beaucoup. Il arrive enfin sur la Terre. Dans le désert du Sahara, il rencontre un renard. Qui est-ce?

C'est le Petit Prince.

Leçon 08

Quel âge a-t-il ?

Leçon 08 Quel âge a-t-il ?

34 Unité 1 Il a vingt-deux ans.

Claire	Jina, c'est une photo de ta famille ?
Jina	Oui.
Claire	Qui est ce garçon à côté de toi ?
Jina	C'est mon frère.
Claire	Quel âge a-t-il ?
Jina	Il a vingt-deux ans.
Claire	Il est très beau. Il est étudiant ?
Jina	Oui, il est étudiant en médecine. Mais tu es bien curieuse ! Malheureusement pour toi, il a une copine...
Claire	C'est dommage !

35 Unité 2 Quel est ton auteur préféré?

Claire	Jina, qu'est-ce que tu cherches?
Jina	Je cherche un livre.
Claire	Quel livre?
Jina	*L'Étranger* d'Albert Camus. C'est mon auteur préféré. Quel est ton auteur préféré?
Claire	Marguerite Duras, l'auteure de *L'Amant*. J'aime beaucoup ses romans.
Jina	Elle est encore vivante?
Claire	Non, elle est morte en 1996.*

* 1996 = mille neuf cent quatre-vingt-seize

Grammaire et Expressions

Ⅰ. 의문형용사 l'adjectif interrogatif

수식하는 명사나 주어의 성 · 수에 따라 다음과 같은 형태로 변화한다.

	단수	복수
남성	quel	quels
여성	quelle	quelles

· A: **Quel** âge as-tu?
B: J'ai vingt ans.

· A: **Quels** sont vos acteurs préférés?
B: Ce sont Audrey Tautou et Jean Reno.

· A: **Quelle** est votre nationalité?
B: Je suis coréenne.

· A: **Quelles** fleurs aimez-vous?
B: J'aime les roses.

Ⅱ. 소유형용사 les adjectifs possessifs

수식하는 명사나 주어의 성 · 수에 따라 다음과 같은 형태로 변화한다.

mon	ma	mes
ton	ta	tes
son	sa	ses
notre	notre	nos
votre	votre	vos
leur	leur	leurs

· C'est **mon** père.
· **Sa** mère est professeur(e).
· Ils aiment **leurs** enfants.

Attention

모음으로 시작하는 단수 여성명사 앞에 놓인 소유형용사 ma, ta, sa는 mon, ton, son으로 바뀐다.

· **Mon** amie s'appelle Juliette.
· **Ton** école est loin d'ici?

Ⅲ. 숫자 les nombres 21~120

21	vingt **et** un	**22**	vingt-deux	**23**	vingt-trois
24	vingt-quatre	**25**	vingt-cinq	**26**	vingt-six
27	vingt-sept	**28**	vingt-huit	**29**	vingt-neuf
30	trente	**31**	trente **et** un	**32**	trente-deux
40	quarante	**41**	quarante **et** un	**42**	quarante-deux
50	cinquante	**51**	cinquante **et** un	**52**	cinquante-deux
60	soixante	**61**	soixante **et** un	**62**	soixante-deux
70	soixante-dix	**71**	soixante **et** onze	**72**	soixante-douze
80	quatre-vingts	**81**	quatre-vingt-un	**82**	quatre-vingt-deux
90	quatre-vingt-dix	**91**	quatre-vingt-onze	**92**	quatre-vingt-douze
100	cent	**101**	cent un	**120**	cent vingt

Apprenons

la famille

Exercices

I. Trouvez la question. Utilisez *quel, quelle, quels, quelles.*

1. ______________________________?

- Je suis coréenne.

2. ______________________________?

- Mes auteurs préférés sont Camus et Sartre.

3. ______________________________?

- Je regarde les photos d'Italie.

4. ______________________________?

- J'écoute "La vie en rose" d'Edith Piaf.

5. ______________________________?

- Ma voiture est rouge.

6. ______________________________?

- J'ai vingt ans.

II. Transformez les phrases comme dans l'exemple.

Ex

Ce livre est à moi. → C'est mon livre.

1. Cette robe est à elle. → C'est ________ robe.
2. Ces journaux sont à lui. → Ce sont ________ journaux.
3. Cette voiture est à eux. → C'est ________ voiture.
4. Ce chien est à nous. → C'est ________ chien.
5. Ces pantalons sont à toi? → Ce sont ________ pantalons ?
6. Ces clés sont à vous ? → Ce sont ________ clés ?

III. Complétez les phrases avec les adjectifs possessifs.

1. Où est ta maison?

   – ________ maison est derrière la gare.

2. Où sont vos livres?

   – ________ livres sont sur la table.

3. Est-ce que Nathalie est ton amie?

   – Non, elle n'est pas ________ amie.

4. Est-ce que Marie habite seule?

   – Non, elle habite avec ________ parents.

5. Est-ce que Sophie et Louis sont les enfants de Monsieur et Madame Leblanc?

   – Oui, ce sont ________ enfants.

IV. Écrivez les nombres en lettres.

1. 21 → ________________
2. 38 → ________________
3. 49 → ________________
4. 51 → ________________
5. 62 → ________________
6. 77 → ________________
7. 81 → ________________
8. 96 → ________________
9. 98 → ________________
10. 100 → ________________

Leçon 09

Je voudrais de l'eau.

Unité 1 Je voudrais de la viande.

Unité 2 Tu veux du café?

Leçon 09

Je voudrais de l'eau.

36 Unité 1 Je voudrais de la viande.

Le serveur Vous désirez?

Michel Quel est le plat du jour?

Le serveur Le plat du jour, c'est le steak frites.

Aujourd'hui, la viande est très bonne.

Jina Alors, je voudrais de la viande. Et toi?

Michel Moi, je préfère le poisson.

Je voudrais un saumon grillé avec du riz.

Le serveur Et qu'est-ce que vous prenez comme boisson?

Michel Tu veux boire quelque chose?

Jina Oui, de l'eau.

Michel Une bouteille d'eau minérale, s'il vous plaît.

Le serveur Très bien.

37 Unité 2 Tu veux du café?

Le serveur Vous désirez un dessert?

Michel Jina, tu veux un dessert?

Jina Oui, je veux bien. Qu'est-ce que vous avez comme dessert?

Le serveur Nous avons des tartes aux fraises, des gâteaux au chocolat et des glaces.

Jina Moi, je voudrais une tarte aux fraises. Et toi?

Michel Moi, je ne prends rien. Seulement un café, s'il vous plaît.
Et toi, tu veux du café?

Jina Oui, je veux bien.

(…)

Le serveur Voilà, une tarte aux fraises et deux cafés.

Michel Merci. L'addition, s'il vous plaît.

Grammaire et Expressions

I. 부분관사 l'article partitif

1. 형태

남성	여성	복수
du	de la	des

· **du** pain · **du** riz · **du** café
· **de la** salade · **de la** viande · **de la** bière
· **des** légumes · **des** fruits · **des** pommes de terre

Attention

모음이나 무음 h로 시작되는 명사 앞에서는 de l'로 바뀐다.

· du → de l' **de l'**argent

· de la → de l' **de l'**eau

2. 용법

정해지지 않은 양이나 전체의 일부를 가리킬 때 쓰인다.

· **A:** Le matin, je mange **du** pain et je bois **du** café. Et toi?
B: Moi, je mange **du** riz.

Attention

- 부분관사는 부정문에서 de로 바뀐다.

 · **A:** Prenez-vous **du** café?
 B: Non merci, je ne prends pas **de** café.

 · **A:** Voulez-vous **de la** soupe?
 B: Non merci, je ne veux pas **de** soupe.

- préférer, aimer 동사 다음에는 정관사를 쓴다.

 · Moi, je **préfère le** poisson.
 · Je **n'aime** pas **la** bière, je **préfère le** vin.

Ⅱ. quelque chose / rien

- **A:** Tu veux boire **quelque chose**?
  B: Oui, de l'eau, s'il te plaît.
- **A:** Il y a **quelque chose** dans le frigo?
  B: Non, il **n'**y a **rien**.
- **Rien n'**est parfait.

Ⅲ. 동사 les verbes

préférer			
je	préfère	nous	préférons
tu	préfères	vous	préférez
il/elle	préfère	ils/elles	préfèrent

prendre			
je	prends	nous	prenons
tu	prends	vous	prenez
il/elle	prend	ils/elles	prennent

boire			
je	bois	nous	buvons
tu	bois	vous	buvez
il/elle	boit	ils/elles	boivent

vouloir			
je	veux	nous	voulons
tu	veux	vous	voulez
il/elle	veut	ils/elles	veulent

Notes

- *Je **voudrais** un café, s'il vous plaît.*
- *Qu'est-ce que vous avez **comme** dessert?*

des escargots

de la salade niçoise

de la soupe à l'oignon

du poisson grillé

du rôti de porc

du poulet rôti

de la choucroute

du pain

une tarte aux pommes

une baguette

un croissant

un café

Exercices

I. Complétez les phrases.

1. Au déjeuner, Michel mange ________ viande avec ________ salade.
2. Il ne boit pas ________ café, il préfère ________ thé.
3. Le matin, elle prend ________ pain et ________ lait.
4. Je ne bois pas ________ alcool, je bois ________ eau.
5. Je prends ________ poisson. Je n'aime pas ________ viande.
6. Les Coréens mangent ________ riz.
7. Il boit ________ vin. Il n'aime pas ________ bière.
8. Il n'y a plus ________ pain à la maison. Nous achetons ________ pain.

II. Répondez négativement en utilisant *rien*.

1. Y a-t-il quelque chose à manger dans le frigo?

   - Non, ________________________________

2. Est-ce qu'elle prépare quelque chose pour l'anniversaire de Michel?

   - Non, ________________________________

3. Qu'est-ce qu'il prend au petit déjeuner?

   - ________________________________

III. Conjuguez les verbes aux présent.

1. Qu'est-ce que vous ________________ (vouloir)?
2. Nous ________________ (manger) une pizza.
3. Nous ________________ (boire) du coca.

4. Mes parents ________________ (prendre) du poisson.

5. Mon frère et moi, nous ________________ (prendre) de la viande.

6. Après le dîner, mon frère ________________ (demander) une glace

et moi, je ________________ (vouloir) une mousse au chocolat.

7. Mon père ne ________________ (vouloir) pas de dessert.

8. Ma mère ________________ (préférer) le thé au ginseng.

38 Lecture

Un dîner entre amis

J'habite seul dans un studio. Ce soir, j'ai cinq amis à dîner. Je n'ai que trois assiettes et trois verres. Je vais chez la voisine pour demander des assiettes et des verres. Je n'ai pas beaucoup d'argent, donc, je ne prépare pas un grand repas. J'achète du pain à la boulangerie, du jambon, du fromage et du vin au supermarché. Heureusement, j'ai une belle salade et des fruits du jardin de mes parents : ils habitent près de chez moi.

※ ne ~ que = seulement

Leçon 10

Quelle heure est-il ?

Unité 1 À quelle heure tu finis?

Unité 2 Il est huit heures et quart.

Leçon 10 Quelle heure est-il ?

39 Unité 1 À quelle heure tu finis?

(Au téléphone)

Jina	Tu vas chez Eric ce soir ?
Claire	Oui, je vais chez lui après les cours.
Jina	Je peux venir avec toi ?
Claire	Bien sûr ! Mais je termine tard.
Jina	À quelle heure tu finis ?
Claire	Je finis à six heures et demie. Ça va ?
Jina	Oui, ça va.
Claire	Alors, rendez-vous à sept heures moins le quart devant la Sorbonne.
Jina	À tout à l'heure !

40 Unité 2 Il est huit heures et quart.

Jina	Excuse-nous ! Nous sommes en retard.
Claire	Il y a des embouteillages partout.
Eric	Ce n'est pas grave. Il n'est que huit heures et quart.
	On est en train de prendre l'apéritif.
Jina	Tout le monde est là ?
Eric	Non, Michel n'est pas encore là. Il arrive dans dix minutes.
	Vous voulez boire quelque chose ?
Jina	Oui, je voudrais de la bière.
Claire	Moi, un jus d'orange, s'il te plaît.

Grammaire et Expressions

I. 시간 표현 Quelle heure est-il?

	l'heure courante (일상적 표현)	l'heure officielle (공식 표현)
01:00	Il est une heure (du matin).	Il est une heure.
06:05	Il est six heures cinq.	Il est six heures cinq.
06:15	Il est six heures **et quart**.	Il est six heures quinze.
12:30	Il est midi **et demi**.	Il est douze heures trente.
13:30	Il est une heure **et demie** (de l'après-midi).	Il est treize heures trente.
20:45	Il est neuf heures **moins le quart** (du soir).	Il est vingt heures quarante-cinq.
21:55	Il est dix heures **moins** cinq.	Il est vingt et une heures cinquante-cinq.
00:30	Il est minuit **et demi**.	Il est zéro heure trente.

- 분(minutes)의 특수 표현

· ~ **et quart** 15분 (quart는 '4분의 1'의 뜻)
· ~ **moins le quart** 15분 전
· ~ **et demi(e)** 30분 (demi(e)는 '2분의 1'의 뜻)

Attention

- midi, minuit의 경우에는 **et demi** 형태를 사용한다.

· A: **Vous avez l'heure**?
B: Oui, il est deux heures vingt.

· A: **À quelle heure** arrive le train de Berlin?
B: Il arrive à treize heures.

Ⅱ. 현재진행형 le présent progressif

être en train de + 동사 원형 (infinitif)

· Je **suis en train de** travailler.

· Nous **sommes en train de regarder** la télévision.

Ⅲ. 동사 les verbes

• 2군 규칙동사 : -ir로 끝나는 동사

finir	
je	finis
tu	finis
il/elle	finit
nous	finissons
vous	finissez
ils/elles	finissent

Notes

· *A: Excuse-moi!*
B: Ce n'est pas grave.

· *Je suis en retard.*
Je suis à l'heure.
Je suis en avance.

· *Il arrive **dans** une heure.*

• 3군 불규칙동사

aller	
je	vais
tu	vas
il/elle	va
nous	allons
vous	allez
ils/elles	vont

venir	
je	viens
tu	viens
il/elle	vient
nous	venons
vous	venez
ils/elles	viennent

pouvoir	
je	peux
tu	peux
il/elle	peut
nous	pouvons
vous	pouvez
ils/elles	peuvent

Exercices

I. Répondez aux questions en regardant le tableau horaire.

Provenance	Paris	Londres	New York	Pékin
Arrivée	11 : 30	12 : 45	13 : 10	14 : 20

1. À quelle heure arrive l'avion de Paris ?

   – ______________________

2. À quelle heure arrive l'avion de Londres ?

   – ______________________

3. À quelle heure arrive l'avion de New York ?

   – ______________________

4. À quelle heure arrive l'avion de Pékin ?

   – ______________________

II. Quelle heure est-il ? Dites-le autrement.

1. Il est vingt heures. → ______________
2. Il est quatorze heures. → ______________
3. Il est sept heures et demie. → ______________
4. Il est huit heures moins le quart. → ______________
5. Il est six heures du soir. → ______________
6. Il est trois heures cinquante. → ______________

Ⅲ. Décrivez votre emploi du temps.

7h
8h
9h
10h } *cours de français*
11h
12h → *Marie, restaurant (déjeuner)*
13h
14h } *cours de civilisation française*
15h
16h } *bibliothèque (étudier)*
17h
18h → *rendez-vous avec Jina, Sorbonne*
19h
20h → *Michel, cinéma (aller)*
21h
22h

※ de~ à~ : ~에서 ~까지

J'ai cours de français de neuf heures à onze heures. ______________

IV. Réécrivez le dialogue dans l'ordre.

1. Parce que j'ai deux billets pour "Don Giovanni". Tu veux venir avec moi ?
2. Oui, pourquoi ?
3. Ça commence à sept heures et demie à la Bastille.
4. Ce n'est pas loin. Nous pouvons arriver à l'heure.
5. Tu es libre ce soir ?
6. Oui, je veux bien. Merci. À quelle heure commence le spectacle ?

Bernard Tu es libre ce soir ? (5).

Sophie ______________________________

Bernard ______________________________

Sophie ______________________________

Bernard ______________________________

Sophie ______________________________

Leçon 11

Quel jour sommes-nous ?

Unité 1 Nous sommes jeudi.

Unité 2 Le 14 juillet, c'est la fête nationale.

Leçon 11

Quel jour sommes-nous ?

41 Unité 1 Nous sommes jeudi.

Jina Quel jour sommes-nous ?

Michel Nous sommes jeudi.

Jina Qu'est-ce que tu fais aujourd'hui ?

Michel Je vais à la piscine.

Jina Tu vas à la piscine tous les jours ?

Michel Non, deux fois par semaine, le lundi et le jeudi.

Jina Et les autres jours ?

Michel Le mardi et le vendredi, je fais du jogging dans le parc près de chez moi. Le mercredi et le samedi, je joue au tennis.

Jina Tu es bien sportif ! Et le dimanche, qu'est-ce que tu fais ?

Michel Le dimanche, en général, je reste à la maison.
Et toi, qu'est-ce que tu fais comme sport ?

Jina Je fais de la natation.

42 Unité 2 Le 14 juillet, c'est la fête nationale.

Namsou Nous sommes le combien?

Michel Nous sommes le 5 juin.

Namsou Le temps passe vite! Aujourd'hui c'est le premier jour de l'exposition Picasso. Tu veux venir avec moi?

Michel Non, je ne peux pas, désolé. J'ai des examens à préparer.

Namsou Quand passes-tu tes examens?

Michel Du 10 au 17 juin. Tu restes à Paris jusqu'à quand?

Namsou Je pars le 21 juillet.

Michel Alors, nous avons le temps d'aller voir cette exposition. Et puis, nous pouvons fêter ensemble le 14 juillet.

Namsou Le 14 juillet? C'est la fête nationale, n'est-ce pas? Qu'est-ce que vous faites ce jour-là?

Michel Le matin, on va aux Champs-Elysées pour voir le défilé et le soir, il y a un feu d'artifice au Trocadéro, devant la Tour Eiffel.

Grammaire et Expressions

I. 날짜와 요일 les jours de la semaine et les mois

- 날짜 묻기

· **A:** Nous sommes le combien?
B: Nous sommes le premier mai.
Nous sommes le onze avril.

1월	janvier	2월	février	3월	mars
4월	avril	5월	mai	6월	juin
7월	juillet	8월	août	9월	septembre
10월	octobre	11월	novembre	12월	décembre

- 요일 묻기

· **A:** Quel jour sommes-nous?
B: Nous sommes lundi.

월	lundi	화	mardi	수	mercredi	목	jeudi
금	vendredi	토	samedi	일	dimanche		

Attention

매주 반복되는 요일을 가리키는 경우, 정관사를 붙인다.

· **Le** dimanche, je vais à l'église.

II. 서수형용사 les adjectifs numéraux ordinaux

1er/ère	premier(ère)	2e	deuxième	3e	troisième	4e	quatrième
5e	cinquième	6e	sixième	7e	septième	8e	huitième
9e	neuvième	10e	dixième				

Ⅲ. faire 동사의 표현

- 악기: **faire de / jouer de**

· Je fais **du** piano. = Je joue **du** piano.
· Je fais **de la** guitare. = Je joue **de la** guitare.

- 운동: **faire de / jouer à**

· Je fais **du** tennis. = Je joue **au** tennis.
· Je fais **du** football. = Je joue **au** football.

Attention

다음 표현은 faire 하고만 쓰인다.

· Je fais **du** sport.
· Je fais **du** ski.
· Je fais **de la** natation.

Ⅳ. 형용사 tout

	단수	복수
남성	tout	tous
여성	toute	toutes

· **Tout** le monde prépare les vacances.
· **Toute** la famille chante ensemble.
· **Tous** les matins, je prends une douche.
· J'aime **toutes** les fleurs.

Ⅴ. 동사 les verbes

faire	
je	fais
tu	fais
il/elle	fait
nous	faisons
vous	faites
ils/elles	font

voir	
je	vois
tu	vois
il/elle	voit
nous	voyons
vous	voyez
ils/elles	voient

partir	
je	pars
tu	pars
il/elle	part
nous	partons
vous	partez
ils/elles	partent

Apprenons

les jours fériés

En Corée

le jour de l'an
le 1er janvier

le jour de la libération
le 15 août

la fête des moissons
le 15 août (du calendrier lunaire)

le jour du *Hangeul*
le 9 octobre

En France

le jour de l'an
le 1er janvier

Pâques entre le 22 mars et le 25 avril
(selon le calendrier lunaire)

la fête nationale
le 14 juillet

Noël
le 25 décembre

Exercices

I. Complétez les phrases avec *du, d', à, au, comme, par.*

1. J'ai un devoir ________ faire.
2. Ils ont bien le temps ________ aller voir l'exposition.
3. Namsou reste à Paris ________ 1er juin ________ 15 août.
4. Je vais à la piscine deux fois ________ semaine.
5. Qu'est-ce que tu fais ________ sport ?

II. Mettez l'adjectif *tout* à la forme convenable.

1. Que faites-vous ________ les jours ?
2. Il joue du violon ________ la journée.
3. Nous allons visiter ________ les pièces de ce palais.
4. ________ le monde peut venir à cette fête.

III. Conjuguez les verbes au présent.

1. Quand ____________ (partir) -vous à Paris ?
2. Les enfants ____________ (faire) du bruit.
3. Est-ce que vous ____________ (voir) bien sans vos lunettes ?
4. Qu'est-ce que vous ____________ (faire) ?
5. Tout le monde ____________ (partir) pour les vacances.

Ⅳ. Nous sommes le combien?

1. 1월 1일 → ______________________

2. 3월 29일 → ______________________

3. 5월 31일 → ______________________

4. 10월 3일 → ______________________

Ⅴ. Complétez les phrases avec *au, de, de la, du.*

1. En été, nous faisons ________ natation.

2. En hiver, je fais ________ ski.

3. Mon père joue ________ golf.

4. Depuis dix ans, mon frère joue ________ piano.

5. Ma sœur joue ________ guitare.

6. Les Coréens jouent bien ________ football.

Ⅵ. Dites-le autrement.

1. Michel fait du violon. → ______________________

2. Nami fait de la guitare. → ______________________

3. Monsieur Kim fait du golf. → ______________________

4. Marie fait du tennis. → ______________________

43 Lecture

Le 14 juillet en France

Le 14 juillet 1789 est un jour très important dans l'histoire de France. Ce jour-là, les Parisiens ont pris la Bastille, la prison d'État. La prise de la Bastille symbolise la fin de la monarchie absolue. C'est une révolution politique, mais aussi une révolution sociale.

Les Français fêtent chaque année l'anniversaire de la prise de la Bastille, la victoire du peuple. Le matin, il y a un défilé sur les Champs-Elysées et le soir, il y a des feux d'artifice partout. On danse sur les places publiques de toutes les villes de France.

※ 1789: mille sept cent quatre-vingt-neuf

Appendix

연습문제 정답 Corrigé

동사변화표 Tableau de conjugaison

Corrigé

Leçon 1

I. **1.** Bonjour / Mademoiselle / Comment allez-vous / Très bien, merci. / Très bien, merci.
2. Salut / Ça va / Et toi / Pas mal. **3.** Je m'appelle Jina. / Moi, je m'appelle Daniel.

Leçon 2

I. **1.** C'est une table. **2.** C'est un sac à dos. **3.** Ce sont des pommes.

II. **1.** un portable / c'est un portable. **2.** des lunettes / ce sont des lunettes.
3. ce n'est pas une fraise. / une tomate. **4.** ce ne sont pas des cahiers. / des livres.

Leçon 3

I. **1.** C'est une Japonaise. / Elle est japonaise. **2.** Ce sont des Chinoises. / Elles sont chinoises.
3. Ce sont des Canadiens. / Ils sont canadiens.

II. **1.** C'est un musicien. / Il est allemand. **2.** C'est un écrivain. / Il est français.
3. C'est une chanteuse. / Elle est canadienne.

III. **1.** Elle est française. **2.** Elles sont américaines. **3.** Elles sont coréennes. **4.** Elle est chinoise.
5. Il est espagnol. **6.** Elle est étudiante. **7.** Il est chanteur. **8.** Ils sont musiciens.
9. Elle est actrice. **10.** Elles sont employées.

Leçon 4

I. **1.** du **2.** de l' **3.** au 4. aux **5.** à l'

II. **1.** Sur le bureau, il y a un ordinateur, une lampe et un téléphone.
2. Oui, il y a un lit dans la pièce. **3.** Oui, il y a un fauteuil dans la pièce.
4. Il est sur la chaise. **5.** Il est sous le bureau.

III. **1.** dans **2.** Devant **3.** Sur

Leçon 5

I. **1.** des mois **2.** des animaux **3.** des hôpitaux **4.** des châteaux **5.** des cours **6.** des voix
7. des neveux **8.** des nez **9.** des fils **10.** des oiseaux

II. **1.** cinq **2.** vingt **3.** seize **4.** neuf **5.** trois

III. **1.** vrai **2.** faux **3.** vrai **4.** faux

IV. **1.** je n'ai pas de chien. **2.** il n'y a pas de journaux sur la table. **3.** elle n'a pas de voiture.

4. je n'ai pas d'enfants. 5. il n'y a pas de pommes dans le frigo.

V. 1. c 2. d 3. b 4. a

VI. 1. c 2. a 3. d 4. b

Leçon 6

I. 1. aux 2. en 3. au 4. au 5. en

II. 1. Ce 2. Cette 3. Cet 4. Ces 5. Ces 6. Cette 7. Cet 8. Ces

III. 1. habite / à / en 2. habite / à / au 3. travaillons / à / en 4. en / n'habite / plus / en / est / à / en

IV. 1. je cherche une pharmacie. 2. je parle français. 3. il aime les voyages.
4. nous voyageons beaucoup. 5. nous commençons à travailler.

V. habite (travaille) / travaille (habite) / rentre / a

Leçon 7

I. 1. est belle. 2. est jeune. 3. est heureuse. 4. sont beaux. 5. sont petits. 6. sont vieux.

II. 1. b 2. c 3. a 4. e 5. d

Leçon 8

I. 1. Quelle est votre (ta) nationalité 2. Quels sont vos (tes) auteurs préférés
3. Quelles photos regardes-tu (regardez-vous) 4. Quelle chanson écoutes-tu (écoutez-vous)
5. De quelle couleur est ta (votre) voiture 6. Quel âge as-tu (avez-vous)

II. 1. sa 2. ses 3. leur 4. notre 5. tes 6. vos

III. 1. Ma 2. Mes (Nos) 3. mon 4. ses 5. leurs

IV. 1. vingt et un 2. trente-huit 3. quarante-neuf 4. cinquante et un 5. soixante-deux
6. soixante-dix-sept 7. quatre-vingt-un 8. quatre-vingt-seize 9. quatre-vingt-dix-huit 10. cent

Leçon 9

I. 1. de la / de la 2. de / le 3. du / du 4. d' / de l' 5. du / la 6. du 7. du / la 8. de / du

II. 1. il n'y a rien dans le frigo. 2. elle ne prépare rien. 3. Il ne prend rien.

III. 1. voulez 2. mangeons 3. buvons 4. prennent 5. prenons 6. demande / veux 7. veut
8. préfère

Leçon 10

I. **1.** Il arrive à onze heures trente. **2.** Il arrive à douze heures quarante-cinq. **3.** Il arrive à treize heures dix. **4.** Il arrive à quatorze heures vingt.

II. **1.** Il est huit heures (du soir). **2.** Il est deux heures (de l'après-midi). **3.** Il est sept heures trente. **4.** Il est sept heures quarante-cinq. **5.** Il est dix-huit heures. **6.** Il est quatre heures moins dix.

III. À midi, je déjeune avec Marie au restaurant. J'ai cours de civilisation française de treize heures à quatorze heures. J'étudie à la bibliothèque de quinze heures à dix-sept heures. À dix-huit heures (à six heures), j'ai rendez-vous avec Jina devant la Sorbonne. Et à vingt heures (huit heures), je vais au cinéma avec Michel.

IV. Sophie : Oui, pourquoi? (2)

Bernard: Parce que j'ai deux billets pour "Don Giovanni". Tu veux venir avec moi? (1)

Sophie : Oui, je veux bien. Merci. À quelle heure commence le spectacle? (6)

Bernard: Ça commence à sept heures et demie à la Bastille. (3)

Sophie : Ce n'est pas loin. Nous pouvons arriver à l'heure. (4)

Leçon 11

I. **1.** à **2.** d' **3.** du / au **4.** par **5.** comme

II. **1.** tous **2.** toute **3.** toutes **4.** Tout

III. **1.** partez **2.** font **3.** voyez **4.** faites **5.** part

IV. **1.** Nous sommes le premier janvier. **2.** Nous sommes le 29 mars. **3.** Nous sommes le 31 mai. **4.** Nous sommes le 3 octobre.

V. **1.** de la **2.** du **3.** au **4.** du **5.** de la **6.** au

VI. **1.** Michel joue du violon. **2.** Nami joue de la guitare. **3.** Monsieur Kim joue au golf. **4.** Marie joue au tennis.